AF355914

LES

'NAUFRAGES

LES

NAUFRAGES

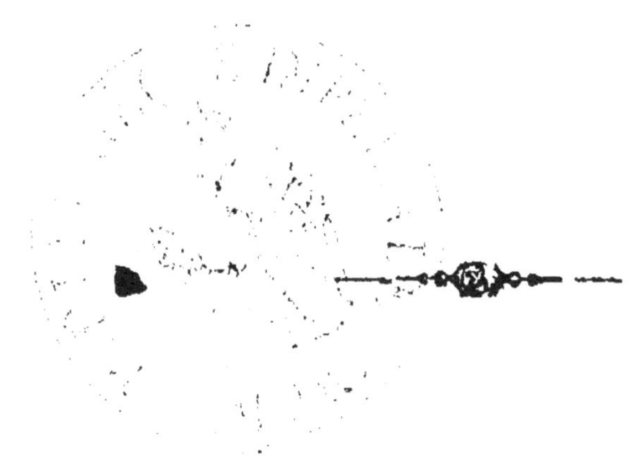

LILLE

L. LEFORT, IMPRIMEUR - LIBRAIRE.

1854.

PROPRIÉTÉ DE

NAUFRAGES

INCENDIE DU *PALLADIUM*.

Le récit des périls et des souffrances auxquels l'humanité est
par fois exposée, n'est pas moins
utile à l'éducation de l'âme que

l'exposé des faits édifiants et généreux qui lui inspirent une noble
émulation ; car le tableau de ces
situations périlleuses, courageuse-
ment endurées et surmontées, en-
seignent à l'homme la patience
dont chacun peut avoir besoin
dans le cours de la vie. Il nous
apprend à apprécier ce que notre
position a de meilleur, et à ne pas
nous endormir dans le bien-être
qui est notre partage , sans accor-
der un soupir et une prière à nos
frères souffrants.

C'est dans cette vue que nous
reproduisons ici des détails sur la

destruction par le feu du navire français de Nantes *le Palladium*. Voici ces détails fournis par un passager :

« Nous partîmes de Nantes à bord du *Palladium*, le 15 mars 1847. Ma femme et ma sœur étaient avec moi. A part quelque gros temps que nous éprouvâmes en quittant l'Europe et les calmes habituels dans les environs de la ligne équinoxiale, notre navigation avait été pendant six semaines aussi agréable qu'heureuse.

» Le 4 mai, nous nous trouvions par 20 degrés 52 minutes de la-

titude sud et 25 degrés 50 minutes de longitude ouest, avec une
mer fort belle et une brise char-
mante, devant laquelle *le Palladium* fuyait fièrement, toutes voiles dehors.

» Les hommes étaient à l'ouvrage
dans l'entrepont, comme de cou-
tume ; le capitaine et moi étions
occupés à lire dans la cabine, les
dames faisaient de la broderie,
lorsque, vers midi, une forte
odeur de peinture brûlée se fit
sentir.

» On supposa que cela prove-
nait de la cuisine, et on ne s'y

arrêta pas davantage. Cependant l'odeur devenait graduellement plus intense, et, vers les deux heures, un grand bruit de voix et de pas nous avertit qu'il se passait quelque chose d'extraordinaire sur le pont. Je me hâtai de monter à la suite du capitaine, et je vis qu'on puisait de l'eau à la mer pour la jeter dans l'écoutille, d'où il sortait une fumée noire et épaisse. Au premier sceau qu'on put jeter, il éclata une masse énorme de fumée blanche et tournoyante qui renversa les hommes et rendit impossibles les abords de l'écoutille et du poste.

» Le feu dans la cale , s'écriat-on immédiatement ; jetez la poudre à la mer. Où est la poudre ? où est-elle ? Le second dit qu'elle était sous l'écoutille d'arrière , et on se mit aussitôt à l'œuvre pour l'en retirer et échapper aux dangers de l'explosion ; mais la fumée avait déjà envahi tout l'intérieur du navire. Il fallut renoncer à descendre , et s'occuper de mettre les embarcations à la mer le plus promptement possible.

» Cette opération faite, on pensa aux provisions de bouche, ainsi qu'aux cartes et aux instruments indispensables pour notre nouvelle navigation.

» Comme par miracle, il se trouvait sur le pont un tonneau d'eau pluviale que les matelots avaient recueillie la veille pour laver leurs habits ; il s'y trouvait aussi, je ne sais trop pourquoi, un caisson de biscuits, un peu avarié, il est vrai, mais plus précieux alors pour nous que tout ce que la terre produit de plus délicat. Malgré l'empressement que l'on mettait à faire les préparatifs, il n'y eut ni confusion ni désordre, chacun s'acquittant de sa spécialité sans s'occuper des autres ; les dames elles-mêmes étaient employées à passer du biscuit dans les bateaux, pendant que les hommes se livraient à de lourds travaux.

» Nous savions bien que nous étions sur un volcan qui pouvait faire explosion d'un instant à l'autre ; aussi fûmes-nous prompts, à tel point que, depuis le premier cri d'alarme jusqu'au moment où nous quittâmes le navire, il ne s'est écoulé tout au plus que quarante minutes.

» Quand on fut certain que tout le monde était dans les embarcations, on fit force de rames au large, avec l'impatience de gens qui s'attendent à recevoir une décharge de mitraille dans le dos.

» Une fois hors de danger, nous nous arrêtâmes à contempler le navire sur lequel chacun de nous avait abandonné à la fureur des flammes tout ce qu'il possédait. Aucune plainte cependant ne fut proférée, car nous étions tous réduits au même sort, et mutuellement solidaires de notre salut.

» La première impression pas-

sée, nous retournâmes avec pré-
caution vers le navire, pour tâ-
cher de sauver de quoi nous couvrir ; mais nous observâmes, à
une certaine distance, que la fumée s'échappait par toutes les cou-
tures, et formait autour du navire une atmosphère épaisse de
deux ou trois pieds, qui en ren-
dait l'approche impossible. Ceci
s'explique par la nature de la cargaison, qui consistait principale-
ment en goudron, braie, étoupe
de calefatage, huile, essence de
térébenthine, pièces de sapin et
poisson salé.

» La nuit approchait ; tout espoir était perdu pour *le Palladium* ;
nous décidâmes de nous en éloi-
gner pour toujours. Vingt minutes après, le mât de misaine en
flammes tomba. A la nuit close,
tout l'horizon était en feu ; toutes
les matières combustibles qui se
trouvaient à bord brûlaient à la
fois. Mais il paraît que le poisson salé qui était arrimé au
centre du navire, avait été un
grand obstacle au passage du feu
dans le compartiment de l'arrière
où se trouvait la poudre, car ce
ne fut que vers les huit heures

du soir que l'explosion eut lieu par quatre coups successifs. Alors tout fut fini ; on n'aperçut plus, pendant quelque temps, qu'une lueur rougeâtre , provenant des fragments de la coque, qui flottaient encore.

» Nous dirigeâmes notre course vers les îles de la Trinité , dont nous étions éloignés de cent vingt-cinq lieues dans le sud-est , le vent soufflant de notre côté. Pendant la nuit le calme survint ; au point du jour le vent tourna à l'ouest ; la mer devint grosse, et il nous fut impossible de faire du chemin, car nos embarcations étaient trop chargées pour porter beaucoup de toiles avec un fort vent, et d'ailleurs elles faisaient eau de toutes parts. Nous fûmes donc obligés de gouverner au plus près, et d'avancer lentement. A midi nous avions fait six ou sept lieues, ce qui était bien peu de chose pour arriver aux terres les plus rapprochées.

» Dans la nuit du 5 au 6, vers une heure du matin, nous aperçûmes un navire près de nous; l'espoir d'être sauvés releva notre courage, et on se dirigea sur lui

à force de rames et de voiles.
Quand nous fûmes assez près pour
voir la lumière de l'habitacle, nous
brûlàmes au bout d'une vergue
des cravates et des mouchoirs que
nous avions sur nous. Le navire
était à notre bossoir de tribord, à
un quart de lieue de distance tout
au plus. La nuit était claire et
belle, la brise légère ; nous vo-
guions au vent du navire, et, par
conséquent, sa voilure ne nous
masquait pas.

» Nos feux étaient brillants et
éclairaient un grand espace autour
des canots ; ils furent alimentés

pendant environ six minutes, et accompagnés des cris de tristesse, que nous poussions de concert avec toute la force de nos pou— mons; mais nous ne fûmes point aperçus. Le navire passa outre, et nous eûmes le regret d'avoir perdu à sa poursuite tout le che— min que nous avions fait avec tant de peine pendant ces vingt-quatre heures. Une profonde tristesse nous accabla pendant le reste de la nuit. Le lendemain, la tris— tesse fit place au découragement, car la brise avait considérable— ment fraîchi, et l'horizon pré—

sentait au nord-ouest toutes les apparences d'un coup de vent. Nous avions une petite ration d'eau par jour, qui ne suffisait pas pour ranimer nos forces épuisées par l'ardeur du soleil tropical auquel nous étions continuellement exposés. Les nuits étaient très-froides pour des gens qui n'avaient pas de quoi se couvrir; nous nous blottissions tous ensemble au fond des canots, dans l'eau et la vase, pour prendre quelque peu de repos; mais, au réveil, nos membres étaient raides et glacés, au point de ne pouvoir remuer.

» Le 10 mai , l'observation nous fit connaître que nous étions encore à quarante-cinq lieues de distance des îles de la Trinité. Nos forces et notre provision d'eau étaient presque épuisées. L'harmonie qui avait adouci les premiers jours de nos malheurs n'existait plus. Nous gardions un morne silence les uns envers les autres , ou si quelqu'un l'interrompait , c'était avec acrimonie et en jetant sur son voisin des regards sinistres. Une horrible catastrophe était évidemment éminente , car l'homme qui souffre devient souvent féroce. Mais, un peu après midi, j'entends crier avec force : *Un navire au vent!* C'était *le Sutledge* de Liverpool, capitaine Corkhill, qui faisait voile dans notre direction. L'espoir renaît dans tous les cœurs ; la joie reparaît sur tous les visages ; les femmes surtout, que tant de souffrances avaient plongées dans le dernier abattement, ne peuvent contenir leurs larmes.

» Nous nous mîmes en travers sur la route que le navire devait suivre, et peu de temps après, nous recevions à bord tous les soulagements que réclamait notre triste état. L'intention du capitaine était de nous débarquer au cap de Bonne-Espérance , et il changea aussitôt sa route en conséquence; mais, ayant rencontré au large *le Col de Nantes* qui s'en retournait en Europe, l'équipage du *Palladium* passa à bord de ce navire, tandis que nous continuâmes à bord du Sutledge jusqu'à Calcutta, pour nous rendre ensuite à l'île Bourbon , où nous étions attendus. »

NAVIRES PERDUS DANS LES GLACES.

Deux baleiniers anglais , le *Bon-Accord* et l'*Alfred* , ont été perdus le même jour et à la même heure dans les parages glacés du détroit de Davis. Dans la nuit du 3 juillet 1847, par 75 degrés de latitude nord, les deux navires, à la distance d'un mille environ, se sont trouvés pris entre deux banquises de glaces qui les ont mis en pièces, sans qu'il leur fût possible de rien sauver. Les deux équipages ont dû se réfugier sur les glaces, et ce n'est qu'après avoir passé près d'un mois au milieu des neiges, en proie aux plus affreuses souffrances et à toutes les privations, qu'ils ont pu atteindre un établissement danois sur la côte. Mais laissons l'un des acteurs de ce triste drame, le second du *Bon-Accord*, raconter lui-même les détails de cette horrible situation :

« Dans la nuit du 3 juillet, nous avons perdu notre navire, écrasé entre deux immenses montagnes de glaces, qui n'en ont laissé que quelques débris. Il tombait une neige épaisse, avec grande brise du sud-ouest, quand le capitaine, voyant l'imminence du péril, fit monter tout le monde en haut, et résolut d'abandonner son bord, pour échapper à une catastrophe devenue inévitable. A peine fûmes-nous descendus dans les embarcations, que nous eûmes la douleur de voir le *Bon-Accord* abîmé entre deux îles flottantes qui s'avançaient vers nous. L'*Alfred*, avec lequel nous naviguions de conserve depuis plusieurs jours, éprouva le même sort ; coupé par les glaces au raz de la flottaison, il ne tarda pas à s'abîmer dans les flots.

» Nous voilà donc quatre-vingt-dix-huit hommes jetés au milieu des plus terribles frimas , avec quelques canots , dans des parages désolés et dangereux. Nous résolûmes , aussitôt la double catastrophe , de prendre terre sur l'un des grands bancs de glaces qui nous entouraient , afin de nous concerter sur ce qu'il y avait à faire , et voir si l'on ne pourrait sauver quelque chose des deux navires naufragés , car nous étions à peine vêtus , et nos provisions ne

devaient durer que quelques jours.
En conséquence, avec les débris
de voiles, nous dressâmes plusieurs tentes sur la glace, et à
l'aide de matelas sauvés par l'é-
quipage de l'*Alfred*, qui, plus
heureux que nous, avait pu ar-
racher quelques effets au naufrage,
on établit une ambulance, où les
plus faibles et les malades furent
établis le mieux possible. Un
grand feu fut allumé dans chaque
tente ; mais, malgré tous nos efforts pour l'entretenir, il ne tardait pas à s'éteindre, après avoir
brûlé quelques instants, par suite

de la fonte des glaces. Impossible de se réchauffer en prenant de l'exercice : la neige n'avait pas cessé, et l'atmosphère était si pénétrante, qu'en restant un moment inactif, on courait risque d'avoir quelque membre gelé. Mon pauvre père, que j'avais établi de mon mieux, éprouvait surtout les atteintes du froid, et mon cœur se déchirait en écoutant ses plaintes, quand j'étais impuissant à calmer ses douleurs.

» Je ne pouvais dormir. En rôdant autour des parages où le navire s'était perdu, je parvins à découvrir quelques caisses de bœuf conservé, un peu de farine avariée, quatre bouteilles de bierre et vingt gallons d'eau-de-vie. Tout heureux de ma trouvaille, j'avais immédiatement appelé quatre ou cinq de mes camarades pour m'aider à mettre en sûreté ce secours inattendu. J'aperçus aussi ma malle qui flottait entre deux glaçons, mais dans la catastrophe elle s'était ouverte, et je pus seulement recueillir une partie de mes vêtements imprégnés d'eau de mer. Le séjour de notre îlot étant devenu insupportable, il fut ré-

solu qu'on mettrait les embarcations à l'eau, et que, malgré le
froid, les dangers, on chercherait
en naviguant de conserve, à gagner
la terre la plus voisine.

» Le 6 au matin, on commença à faire les préparatifs de dé-
part. Pour moi, j'étais incapable
de rien diriger, ni même de me
conduire. L'éblouissante blancheur
de la glace avait produit sur moi
le même effet que sur plusieurs
de nos compagnons : j'étais aveu-
gle pour quelques jours. Vous
dire les tourments que me causa
ce nouveau coup du sort, me se-

rait impossible. Je ne pouvais plus être utile à rien , ni marcher sans un guide , car à chaque moment j'eusse couru le risque de tomber dans quelque crevasse, ou de geler tout vivant, si je restais dehors inactif.

» Enfin nous partîmes. Sans le souvenir de ma femme et de mes pauvres enfants , qui seul soutenait mon courage , j'aurais demandé qu'on me laissât périr sur cette île déserte et glacée. Dès que nous fûmes un peu éloignés , les courants et la brume nous séparèrent les uns des autres ; mais comme nous avions concerté ensemble notre route, et que chaque canot était dirigé par un chef expérimenté et muni des instruments nécessaires pour se conduire, il y avait espoir que nous pourrions tous nous retrouver les jours suivants.

» Je ne vous détaillerai pas les incidents de notre navigation. Représentez-vous bien notre position, et vous jugerez de nos souffrances mieux que je ne pourrais vous le dire. Une ou deux fois par jour, nous rencontrions quelques terres ; tantôt c'était un rocher sur

lequel nous allumions du feu pour
détendre nos membres engourdis,
ou faire chauffer un peu d'eau-de-
vie ou de thé pour nous soutenir.
Tantôt c'était une île déserte et
rocailleuse où nous nous mettions
en quête des nids de canards sau-
vages, afin d'en faire cuire les
œufs et de les manger.

» Le 8, nous eûmes un moment
de joie inespérée, qui se changea
bientôt en déception. Ayant pris
terre sur un îlot, nous enten-
dîmes, tandis que nous fouillions
le creux des rochers, le bruit d'un
coup de fusil retentir sur la rive

opposée. Nous pensions avoir été reconnus par quelque équipage de baleinier, descendu sur l'île pour chasser; mais quelle fut notre douleur, quand nous reconnûmes que c'était seulement le grand canot de *l'Alfred*, perdu de vue depuis le matin, et que le coup de feu qui avait porté la joie dans nos cœurs nous annonçait un nouveau désastre. C'était une des pirogues de *l'Alfred*, qui, remplie par la neige et les lames, venait de chavirer, heureusement près de terre. Nous dûmes travailler plusieurs heures avant de la remettre à flots.

» Chaque fois que nous débarquions, c'était, il est vrai, pour prendre quelque réconfortant et nous chauffer un peu; mais le courage que nous puisions, à chacune de ces stations, ne tardait pas à s'user. Il nous était surtout extrêmement pénible de remettre à l'eau nos embarcations, que nous tirions à chaque fois fort haut sur la côte. Il nous fallait d'abord vider toute la neige qui s'y était amoncelée, puis nous mettre dans l'eau glacée jusqu'aux genoux pour les repousser à la mer.

» Enfin, grace au Ciel, rendus

de fatigue, épuisés de froid, presque morts de faim, nous eûmes le bonheur d'être aperçus par quelques pêcheurs danois, qui, nous servant de pilotes, eurent l'humanité de nous conduire jusqu'à Uppernawick. Ce petit établissement était encore bien mal installé et peu confortable; mais après ce que nous venions d'endurer, chaque cabane nous semblait un véritable palais. Nous étions sauvés; cependant il nous fallait encore longer la côte pour arriver sur un point plus considérable, où nous pussions vivre sans être trop à charge à nos hôtes, et trouver les moyens de retourner en Europe.

» Le 17, ayant encore tenu la mer pendant cinq jours, mais avec de bons vêtements et des provisions qui rendaient notre traversée moins pénible, nous avons atteint Lively, et, le 24, nous sommes enfin arrivés ici, à Egosminde, où se trouvaient deux bâtiments danois en partance pour l'Europe.

» Je suis à bord du *Peru*, annoncé pour le 20 août; une trentaine de nos compagnons ont été recueillis à bord de l'autre brick;

mais, malgré leur humanité, les
deux capitaines ne peuvent nous
emmener tous ; une quarantaine
de nos compagnons devront passer l'hiver ici, à moins qu'il n'ar-
rive encore avant l'automne quelque bâtiment de la métropole, ce
qui est fort rare. J'oubliais de
vous dire que nous avons perdu
deux hommes dans nos courses
à travers les glaces : deux pauvres
matelots shetlandais qui sont morts
de froid et de besoin. Ni *l'Alfred*
ni notre navire n'étaient assurés. »

On a su depuis qu'une partie
des naufragés sont heureusement

arrivés à Hambourg, d'où ils s'ap-
prêtent à retourner dans leurs
foyers.

— ❖ —

NAUFRAGE DU *SOVEREIGN*.

Le bateau à vapeur anglais *Sovereign*, du port de 800 tonneaux, et muni de deux machines de la force de 150 chevaux chacune, était parti de Brisbane, le 3 mai 1848, ayant 54 personnes à bord, dont 28 passagers, parmi lesquels se trouvaient plusieurs femmes.

Une suite de coups de vent du sud l'avaient retenu pendant huit jours à la pointe de l'*Amitié*, où le confluent des deux courants contraires qui longent les côtes de la Nouvelle-Galles, forme une barre dangereuse très-difficile à franchir même par le beau temps.

Le 10 au matin, le capitaine fit chauffer et s'avança vers la barre dans le dessein de poursuivre sa route ; mais l'aspect de la mer étant des plus menaçants, il crut prudent de retourner au mouillage.

Le lendemain, l'état de la mer lui inspira plus de confiance, et, fort de l'idée que son navire était neuf, que les machines avaient fait leurs épreuves, il résolut de traverser hardiment la chaîne de montagnes mouvantes qui lui barrait le chemin.

Lancé à toute vapeur, le Steamer passa aisément le premier flot, et affronta aussitôt le second, qui vint se briser avec un horrible fracas le long de ses flancs, en lui faisant toutefois éprouver dans le sens de la quille, un trémoussement horizontal comme on en ressent lorsqu'un coup de mer frappe diagonalement l'arrière d'un navire.

Il restait encore deux ou trois lames à franchir, et déjà les passagers devisaient gaiement sur les rails insoumis que domptait leur noble locomotive, lorsque, dans ce moment critique, le mécanicien crie au capitaine que la charpente des machines est cassée et qu'une partie du mécanisme est en pièce ! Comme le bateau continuait à faire de l'avant, le capitaine ne crut pas ce qu'on lui disait : mais étant descendu sur les tambours, il vit qu'en effet la charpente des deux machines était brisée ras au-dessous des *plummer-boxes*, qui étaient complètement renversés. Il s'empressa alors d'examiner la position du navire , et reconnut qu'il dérivait rapidement au nord vers une ligne de rochers où la mer se brisait à une hauteur prodigieuse.

Cependant les lames déferlaient à bord avec fureur, et y faisaient les plus grands ravages. Un premier coup de mer enleva l'ancre du bossoir de tribord ; un second coup brisa les chaînes du gouvernail.

Le capitaine se précipita à la barre , et tenta de s'en rendre maître ; mais ses efforts furent impuissants. Quoiqu'il n'y eût pas

le moindre souffle de vent, le
steamer continuait à dériver vers
le point où la mort se présentait
dans un appareil si horrible. On
essaya de mouiller l'ancre de ba-
bord, la seule qu'on eût à portée
dans ces moments d'urgence ;
mais la houle l'enleva presque
aussitôt avec environ 50 brasses
de chaîne qui cassa comme un
vieux câble.

Alors le navire, obéissant à tous
les caprices des flots, fut assailli
par des coups de mer d'une vio-
lence extrême qui brisèrent les
bastingages et dispersèrent sur le

pont des ballots de laine et des
pièces de bois : nouveaux instruments de mort par lesquels trois
matelots furent tués au premier
roulis et plusieurs autres mis hors
d'état de se mouvoir. Privé de
tout moyen d'agir , le capitaine
dit aux passagers qu'il n'y avait
plus aucun espoir de sauver le navire , déjà trop proche des brisants. Mais à peine avait-il parlé
qu'un coup de mer effroyable ,
tombant à bord , emporta le gail-
lard d'avant ainsi que les panneaux.
On accourut pour clouer de la
toile goudronnée sur les écoutilles.

Ce fut peine perdue ; l'eau commença à s'y engouffrer et à diminuer la flottaison.

Aucune plume ne saurait décrire l'horrible scène que le bord présentait dans ce moment. Les passagers étaient en proie aux plus vives alarmes ; les uns poussaient des cris lamentables pour demander du secours ; d'autres couraient de tous côtés, et, dans l'agonie du désespoir , ils se précipitaient à l'eau , espérant gagner le rivage d'une façon ou d'une autre. Pendant quelque temps on avait fait jouer les pompes ; maintenant elles étaient combles ; les hommes qui avaient conservé leur sang-froid ne pouvaient plus s'occuper qu'à jeter à la mer tout ce qui restait de cargaison sur le pont. Un des passagers, M. Stubbs, descendit dans la cabine des femmes, où l'eau arrivait déjà jusqu'à la ceinture.

Mme Gore, tenant son enfant dans ses bras, était étendue sur une couchette haute, épuisée jusqu'à l'anéantissement, et inondée par un torrent de mer qui s'était fait jour en défonçant un hublot. Il se rendit, non sans peine, jusqu'à elle, lui fit prendre un peu d'eau-de-vie pour ranimer ses forces, et la conduisit avec son enfant sur les marches de l'escalier, seul endroit du navire où, pour le moment, on fût en sûreté, et où la plupart des femmes s'étaient réfugiées. Remonté sur le pont, M. Stubbs s'efforça de consoler M. Gore en lui apprenant que sa famille vivait encore et qu'elle était en lieu sûr; mais hélas! ce ne devait pas être pour long-temps, car on s'aperçut aussitôt que le navire coulait:

« Adieu, Marie, s'écria M. Gore,

il n'y a plus d'espoir maintenant ;
nous irons au ciel ensemble. »

De son côté, cette mère infor-
tunée encourageait les autres femmes à se résigner à la volonté de
Dieu. « Jésus-Christ est mort pour
nous, leur disait-elle, mourons
pour lui ; il nous recevra dans le
bonheur éternel. » Cependant le
pont du steamer était déjà au ni-
veau des eaux ; toutes les femmes
furent obligées de monter pour
prolonger de quelques instants
leur vie. Le moment suprême arrivait pour tout ce qui respirait à
bord. M. Stubbs, qui paraît avoir

conservé sa présence d'esprit pendant tout cet horrible drame, voit
une lame s'approcher. « Sauvons-
nous, » s'écria-t-il, et il se jeta
à la mer.

Les femmes répondirent à cet
appel désespéré, par un éclat gé-
néral de cris qui déchiraient l'âme;
mais la vague furibonde étouffa
tout en se précipitant sur le mal-
heureux *Sovereign*, qui disparut
pour toujours dans le gouffre.
Alors commença, pour ceux qui
flottaient sur l'eau, une lutte
cruelle entre la vie et la mort :
les uns cherchaient à se tenir sur

des ballots de laine ; d'autres montaient sur des fragments de bois : quelques-uns s'efforçaient de gagner la terre à la nage ; mais après quelques efforts , la plupart étaient engloutis sans ressource, épuisés de fatigue et de frayeur.

M. Stubbs , le seul des passagers qui ait échappé , raconte que peu après l'engloutissement de steamer, il vit près de lui le corps de Mme Gore , et son enfant qui donnait encore des signes de vie.

« Pour Dieu, sauvez mon fils, » lui cria M. Gore qui nageait à une petite distance de là. S'ou—

bliant lui-même, M. Stubbs saisit l'enfant par les cheveux, au risque de sa propre vie, et le porta à l'infortuné père qu'un capot de claire voie aidait à se soutenir. S'éloignant ensuite d'eux, il se dirigea vers une jeune femme qui implorait du secours dans les termes les plus attendrissants.

Le ballot de laine auquel elle se tenait commençait à s'enfoncer au fur et à mesure qu'il s'imprégnait d'eau. M. Stubbs lui dit de monter sur un tronçon de mât qu'il poussa vers elle. Combien de temps durèrent encore les angoisses de son agonie, on l'ignore, car on ne l'a pas revue depuis. M. Stubbs jeta un dernier regard sur M. Gore, dont la vie eût peut-être été sauvée s'il n'avait pas eu son enfant cramponné à son cou. Pendant que M. Stubbs se dirigeait péniblement à la nage vers la terre, un homme en chemise bleue et à longs cheveux noirs passa près de lui, et faillit le tuer en le frappant à la tête avec une longue pièce de bois qui lui servait de flotteur.

Echappé à ce danger, il en courut un autre plus formidable encore. Plusieurs lames de quinze à vingt pieds de haut venaient vers lui en mugissant et portant une crête d'écume qui annonçait leur chute imminente. Comment M. Stubbs a-t-il traversé ce péril, il n'en sait rien, car roulé en tous sens dans l'eau comme une boule, il n'eut la conscience de lui-même que lorsqu'il toucha le rivage, à environ quatre mille marins de l'endroit où le navire avait coulé.

Le capitaine Cape, qui fut aussi du petit nombre des sauvés, avait été plusieurs fois emporté du bord par des coups de mer; mais il était toujours retourné à son poste, bien décidé à ne pourvoir à son salut personnel que lorsqu'il ne pourrait plus rien faire pour ceux qui étaient confiés à sa garde. Quand l'engouffrement du *Sovereign* eut lieu, il cria aux passagers qui surnageaient encore de ne pas se fier aux ballots de laine parce qu'ils ne tiendraient pas long-temps à la surface. Lui-même, tout bon nageur qu'il était, sentant ses forces s'affaiblir, grimpa sur un des tambours, où il se tint pendant une heure et demie avec M. Berkeley, obéissant à l'impulsion des vagues qui le portaient vers les brisants.

En approchant des roches, où la mer déferlait avec le plus de furie, le capitaine recommanda à son compagnon de naufrage de tenir ferme quand le tourbillon les envelopperait; mais à peine avait-il cessé de parler, qu'il se sentit comme écrasé par une montagne d'eau qui l'assaillit par derrière, et n'eut plus sa connaissance jusqu'au moment où des naturels le recueillirent sur la plage, roulant au gré des flots.

Il était deux heures de l'après-midi lorsqu'un bateau pilote vint porter du secours ; mais c'était trop tard. Neuf personnes sur cinquante-quatre étaient déjà sur la plage, recevant les soins les plus empressés des rares habitants de l'endroit : tout le reste avait cessé de vivre et ne réclamait même plus les soins pieux de la sépulture ; car les cadavres de Mme. Gore, de son fils aîné et d'un matelot furent les seuls que la mer avait charriés sur la grève; les autres avaient sans doute été emportés au large par les courants.

M. Stubbs, qui avait fait tant

de généreux efforts pour sauver la femme et les enfants de son ami, recouvrit leurs corps de sable, afin de les soustraire à la voracité des oiseaux de proie, et pouvoir les emporter à Brisbane ; mais le lendemain, lorsque le bateau-pilote était prêt à partir, la décomposition avait déjà commencé, et il fallut procéder à l'inhumation définitive. Rien ne peut dépeindre l'expression de douleur religieuse qu'on lisait sur les visages de tous les survivants au désastre pendant qu'on récitait les prières de l'enterrement ; tous les regards se tour-

naient de temps à autre vers la
terrible barre où, la veille, chacun avait perdu un père, une
épouse, des enfants, des amis ;
il fallut faire plusieurs pauses au
service pour laisser un libre cours
aux sanglots. On appareilla ensuite pour Brisbane, où la nouvelle de cette affreuse catastrophe
jeta toute la ville dans une cons-
ternation dont on n'avait jamais
vu d'exemple.

Rien n'est plus propre à faire
comprendre à l'homme sa faiblesse
et sa dépendance que ces grandes
catastrophes, dans lesquelles, pla-

cés entre le ciel et les flots irrités,
marins et passagers se trouvent
dans une impuissance absolue d'é-
viter le péril et de conjurer la
mort. Aussi, c'est dans ces moments suprèmes, que la foi se ré-
veille, qu'un cri de détresse s'é-
lève vers Dieu, que des prières
ferventes s'élancent vers Marie,
l'Etoile de la mer. Combien de
fois la Reine des anges, protectrice des infortunés, n'est-elle pas
venue en aide à tant de malheu-
reux, qui, sans ce céleste secours,
auraient inévitablement péri? Les
vœux accomplis par les matelots

échappés au naufrage, les nom-
breux sanctuaires élevés sur nos
côtes en l'honneur de Marie, les
gages innombrables de reconnais-
sance et de piété, qui font le plus
bel ornement, attestent et la dé-
votion des peuples et la puissance
de la Mère du Sauveur.

Pour nous, qui ne sommes point
exposés aux tempêtes de l'océan,
pensons que nous naviguons sur la
mer de la vie, qui a aussi ses
écueils et ses tempêtes. Recourons,
comme les marins, à notre céleste protectrice, conjurons-la de
diriger notre barque à travers les

périls dont nous sommes environ-
nés; et soyons assurés que sous sa
divine protection , nous obtien-
drons une heureuse traversée et
nous arriverons au port.

— Lille. Typ. L. Lefort. 1854. —